LA DERNIÈRE SOIRÉE DE BRUMMELL

COMÉDIE TRAGIQUE EN UN ACTE

PAR GEORGES MAUREVERT.

A Monsieur Jean de Mitty.

DRAMATIS PERSONÆ

GEORGE BRUMMELL[1].
FRANCIS, SON VALET DE CHAMBRE.
LORD SEFTON.
LE DOCTEUR MOISANT.
FICHET, PATRON D'HOTEL.
LADY JERSEY.
MARIE-JEANNE.

La scène se passe dans un pauvre salon de l'Hôtel d'Angleterre, à Caen, en mars 1838.

SCÈNE PREMIÈRE.

BRUMMELL, FRANCIS.

(Au lever du rideau, on aperçoit le vieux valet de chambre Francis finissant d'allumer les dernières bougies d'un candélabre. Au coin du feu, assis dans un fauteuil bas, Brummell, en robe de chambre, sa tête chauve nue, lisse et huile alternativement une perruque châtain clair posée sur son genou. Il rit de temps à autre d'un rire insolite. Dans un coin, on aperçoit un divan aux couleurs passées; disséminés çà et là, des fauteuils, des chaises; une table dans un coin opposé à la cheminée que surmonte une glace. Deux portes, une centrale à deux battants, une autre sur le côté.)

BRUMMELL, semblant continuer un monologue intérieur. Alors, nous disons : lord Alvanlay, Pierrepoint, Harry Mildmay... Dois-je inviter ce petit Scrope, cette canaille de petit Scrope? Non. D'ailleurs, il est mal avec lord Richmond — et lord Richmond ne me pardonnerait pas de l'avoir invité en même temps que lui — et puis, ce petit Scrope se permet de faire courir des épigrammes sur mon compte! (Se tournant.) Connais-tu la dernière, Francis?

FRANCIS. Monsieur?

(1) Le lecteur peut consulter utilement, sur le célèbre dandy anglais dont la *Revue Britannique* s'est maintes fois occupée, l'opuscule de M. Barbey d'Aurevilly, *Du Dandysme et de George Brummell;* l'ouvrage du capitaine Jesse, *Life of Beau Brummell;* — et le très prochain livre de M. Jean de Mitty, *George Bryan Brummell, Esq.*

Brummell. Connais-tu l'épigramme de Scrope sur moi?

Francis, étonné. Scrope? Sir Davies Scrope, votre ami... mort il y a dix ans!

Brummell, éclatant de rire. Mort, il y a dix ans, Davies Scrope! Tu n'y es plus, mon pauvre Francis! Je l'ai vu ce matin!

Francis, avec surprise. Vous l'avez vu ce matin? Comment? Puisque... (S'interrompant, à part.) Pauvre M. Brummell! Encore une absence comme il en a depuis quelque temps!

Brummell, replongé dans ses pensées. Non, je n'inviterai pas Scrope... Voyons: Alvanlay, mon vieux Pierrepoint, Mildmay, le duc d'York, lady Conningham, le duc de Richmond, le marquis d'Hertfort, lord Byron — oui, n'oublions pas Byron; j'ai à le remercier — ensuite Sheridan. Il devient un peu gâteux et assommant, Sheridan! (Il verse de l'huile antique sur sa perruque.) Euh! Il vaut mieux ne pas l'inviter, n'est-ce pas, Francis?

Francis. Quoi! monsieur?

Brummell. Ah ça, à quoi penses-tu, Francis? (Il se lève avec effort; Francis veut l'aider; le repoussant.) Eh bien, monsieur, qui est-ce qui vous demande quelque chose? (Regardant autour de lui.) N'oublie surtout pas de mettre des fleurs partout! Tu ouvriras la table de whist, pour le cas où le marquis d'Hertford voudrait gagner quelques centaines de livres à Pierrepoint. Il a une veine, une veine positivement... inexpressible, cet Hertford, surtout quand il joue contre Pierrepoint, ce coquin de Pierrepoint qu'on dit au mieux avec la marquise! Je crois, moi, que Pierrepoint le... dédommage! (Il éclate d'un rire cassé et lisse sa perruque.)

Francis, le considérant avec inquiétude et l'approchant. Mais, monsieur Brummell, M. Pierrepoint est mort quelque temps après votre départ de Calais! Vous m'avez même envoyé vous représenter à ses obsèques en Angleterre...

Brummell, agitant sa perruque. Francis, vous êtes stupide! Qu'est-ce que vous avez donc à enterrer tous mes amis aujourd'hui? Après Scrope, Pierrepoint! Qu'est-ce que cela veut dire? Et Sheridan? Est-ce qu'il est mort aussi, Sheridan?

Francis. Oui, monsieur. Vous étiez encore à Londres quand il est mort. Vous avez même tenu un des cordons du poêle à son enterrement.

Brummell, furieux. Tais-toi, coquin, tais-toi! Ce maraud finirait par me faire croire, ma parole, que, moi aussi, je suis mort! (Il se promène par la chambre, sa perruque à la main.)

FRANCIS, le regardant de côté. Hélas!

BRUMMELL, s'installant à une table. Dois-je inviter le régent?... Si j'invite le prince de Galles, je dois inviter aussi Mme Fitz-Herbert, et, si j'invite Mme Fitz-Herbert, je ne puis inviter lady Conningham, sa rivale de demain! (Un sourire lui épanouit tout à coup la face.) Mais... mais j'y songe! Ah! ah! ah! elle serait bien bonne! Si j'invitais aussi miss Mary Robinson, la vieille maîtresse que le régent a reléguée dans ce qu'il appelle son *Musée des Antiques!* (Il se roule de joie sur le dossier de sa chaise.) Ah! ah! Miss Mary Robinson, Mme Fitz-Herbert et lady Conningham, le passé, le présent et le futur assemblés sous forme de trois maîtresses! Tête du prince! (Il rit. Francis le regarde avec stupeur.) Voilà ce qui peut s'appeler une bonne farce! Le bon frère du régent, le duc d'York, va en mourir de joie, à moins que ce ne soit le régent qui en meure... de rage! Voilà qui avancerait singulièrement les affaires du duc! (Se rengorgeant et riant.) Il n'y a vraiment que moi, George Bryan Brummell, le Beau Brummell, roi des dandies, qui puisse oser une chose pareille! Relisons. (Il relit entre ses dents.) Parfait! (Appelant.) Francis! (Francis accourt.) Ah! j'oubliais... (Réfléchissant, rêveur, à part.) Faut-il inviter Diana? Bah! invitons-la toujours! Diana est de celles qui osent quand elles aiment! (Avec fatuité.) Elle m'aime, elle osera! Ajoutons: lady Diana Jersey. (Appelant.) Francis!

FRANCIS, derrière lui. Je vous écoute, monsieur.

BRUMMELL se lève, aidé par Francis qu'il rudoie; lui montrant le papier. Voici la liste des personnes que je reçois ce soir, entre neuf et dix heures. Je t'ai prévenu...

FRANCIS, stupéfait. Vrai? Vous recevez ce soir, ici!... Mais vous n'y songez pas, monsieur Brummell!

BRUMMELL, hautain, sa perruque à la main. Tu raisonnes, coquin! Qu'est-ce que tu as à dire? Est-ce que ça n'est pas assez bien ici? (Regardant autour de lui.) Un salon que j'ai fait venir de Paris, il y a un mois, et que j'ai payé vingt-cinq mille francs à Louiset, le marchand du boulevard de Gand!

FRANCIS, les yeux écarquillés, à part. Mais... c'est de son salon de Londres qu'il parle, son salon d'il y a trente ans! Il ne croit pas être dans un pauvre appartement de *l'Hôtel d'Angleterre*, à Caen! Cette fois, je suis bien inquiet! Heureusement que le docteur Moisant habite à deux pas! Je vais le faire immédiatement prévenir. Mais il importe, en attendant, de ne pas le brusquer. (A haute voix.) Oui, monsieur, ce salon me semble bien...

BRUMMELL, se moquant. Ah! tout de même! Allons! tant mieux!

(Vague.) Penses-tu qu'il vaudrait mieux que je reçusse mon monde au club Watier ou au Brooke's ?

FRANCIS. Non, monsieur, non, non! Vous avez raison ; ce salon-ci est parfaitement convenable. Alors, que dois-je faire?

BRUMMELL. Alvanlay m'a fait savoir qu'il viendrait à neuf heures précises. Les personnes dont le nom est sur ce papier viendront ensuite; tu me les annonceras au fur et à mesure de leur arrivée. (Il lui tend la liste.)

FRANCIS, la prenant. Bien, monsieur, c'est entendu. (Regardant la pendule.) Mais il est huit heures un quart ; monsieur n'a que le temps de s'habiller.

BRUMMELL. Huit heures un quart, coquin, et tu ne me prévenais pas! (Se précipitant vers la porte.) Huit heures un quart! Trois quarts d'heure seulement pour m'habiller! A peine le temps de mettre ma nouvelle cravate!... (Il sort, emportant sa perruque.)

SCENE II.

FRANCIS, seul à la porte, appelant.

Marie-Jeanne! Marie-Jeanne!

(Entre Marie-Jeanne, jeune servante normande; accent prononcé.)

SCÈNE III.

FRANCIS, MARIE-JEANNE.

MARIE-JEANNE. Voici, voici, m'sieu Francis! (Regardant autour d'elle avec étonnement.) Tiens, vous avez illuminé!

FRANCIS. Oui, oui... Mais il ne s'agit pas de ça, en ce moment. Envoyez immédiatement Nicolas, le commissionnaire de l'hôtel, dire au docteur Moisant de venir voir M. Brummell. Allez, allez vite! (Il pousse vers la porte.) Ah! j'y pense! Revenez avec des fleurs, beaucoup e fleurs. Allez, allez, et revenez tout de suite.

(Elle sort.)

SCÈNE IV.

FRANCIS, seul.

Mon Dieu! mon Dieu! Comment, cette fois-ci, ça va-t-il tourner? Qu'est-ce qu'il arrive à M. Brummell? Son état m'avait inquiété jusqu'ici, mais il n'avait pas encore donné de preuves si graves de dérangement! Il était sombre, préoccupé ; il semblait sûrement mijoter quelque chose: il marmottait des noms entre ses dents, des noms anglais que j'ai entendus jadis, il y a trente ans, alors qu'il était l'homme le plus couru d'Angleterre! Ah! dame! il y a des jours où il le regrette, ce temps-là! (Réfléchissant.) Pauvre M. Brummell! (Il regarde la liste.) Bah! Si ça peut lui faire plaisir que je les annonce, les gens dont les noms sont écrits là-dessus! Seulement, je voudrais bien voir avant M. Moisant. (Rentre Marie-Jeanne, chargée de fleurs.)

SCÈNE V.

FRANCIS, MARIE-JEANNE.

MARIE-JEANNE, déposant son bouquet sur la table. Na! v'là vos fleurs! C'est m'ame Fichet qui m'les a données pour vous. M'direz-vous, à c't'heure, pourquoi tout c'tralala?

FRANCIS, la bousculant. Vite, vite, Marie-Jeanne! aidez-moi à disposer ces fleurs dans les vases, à en mettre un peu partout. Tenez! allez mettre ces deux bouquets dans les cornets de la cheminée.

MARIE-JEANNE. Bonne Vierge! que d'embarras! (Disposant les fleurs.) Na, vous êtes-t-y content, à présent?

FRANCIS, mettant des fleurs dans un vase, à l'entrée. Oui, merci, Marie-Jeanne. Ça me semble bien comme ça... Maintenant, il peut venir!

MARIE-JEANNE. Ah çà! Sainte Vierge, m'direz-vous, à c't'heure, pourquoi il veut être comme ça sur son trentélun, vot' maître, aujourd'hui?

FRANCIS. Mais parce que M. Brummell reçoit du monde...

MARIE-JEANNE, avec étonnement. Du monde? Il reçoit du monde! Ah! ben, à l'exception de m'sieu Armstrong, le consul anglais qu'est épicier, y a ben longtemps qu'il n'en avait reçu, l'pauvre homme! Et qui qu'c'est, c'monde-là qu'il reçoit?

FRANCIS. Du beau monde, Marie-Jeanne!

MARIE-JEANNE. Et qui qu'c'est, c'biau monde?

FRANCIS. Des grands seigneurs, des comtes, des ducs, des Altesses!

MARIE-JEANNE, étonnée. Des Altesses!

FRANCIS. Des Altesses royales!

MARIE-JEANNE, stupéfiée. Des Altesses royales! bon Dieu de bonne Vierge! Ah! j'vas me mettre dans un p'tit coin de l'escalier pour les voir passer, pas, m'sieu Francis? (Elle va pour sortir.) Mais dites donc, m'sieu Francis, des Altesses royales, jamais ça pourra entrer ici? (Elle désigne le haut de la porte.)

FRANCIS, tristement. Non, Marie-Jeanne, non! Jamais ça n'entrera ici!

UNE VOIX, à la cantonade. Marie-Jeanne! Marie-Jeanne!

MARIE-JEANNE. Allons, bon, v'là l'patron qui m'appelle! J'suis ici, m'sieu Fichet!

(Entre M. Fichet, habit bourgeois très simple, culotte.)

SCENE VI.

FRANCIS, FICHET, MARIE-JEANNE.

FICHET, à Marie-Jeanne. Eh bien, qu'est-ce que vous faites ici, dans le salon de M. Brummell?

MARIE-JEANNE. C'est m'sieu Francis qu'avait eu besoin d'moi!

FICHET. Ça n'est pas des menteries qu'elle me raconte? Vous avez eu besoin d'elle, Francis?

FRANCIS. Oui, monsieur Fichet... M. Brummell m'a prié de disposer son salon pour une réception.

FICHET. Une réception! Une réception! (Francis lève les yeux d'un air navré.) Qu'est-ce que c'est que cette nouvelle fantaisie? (A Marie-Jeanne qui écoute.) Allons, lambine, descendez; Mme Fichet a besoin de vous.

(Sort Marie-Jeanne.)

SCÈNE VII.

FICHET, FRANCIS.

FICHET. Ah ça! dites-moi, Francis, qu'est-ce qu'il arrive encore?

FRANCIS, vague. Eh bien! monsieur Fichet, M. Brummell désire recevoir ce soir ses amis... (Devant les yeux agrandis de M. Fichet, il ajoute, ironique et triste.) ses amis de jadis!...

FICHET, étonné. Ses amis de jadis?

FRANCIS. Oui, à neuf heures précises, dans vingt minutes, il recevra d'abord lord Alvanlay...

FICHET. Lord Alvanlay, du club Watier? Celui dont il nous parlait si souvent dans le temps; l'ami de MM. Pierrepoint et Mildmay, les inséparables?

FRANCIS. Il recevra aussi MM. Pierrepoint et Mildmay.

FICHET. Pas possible! Mais, alors, une vie nouvelle commence pour lui! (A part, joyeux.) Enfin, je vais être payé! Il y a bien trois mois que je n'ai vu la couleur des livres anglaises!

FRANCIS, solennel. Oui, monsieur Fichet, une vie nouvelle commence pour M. Brummell! (Il essuie furtivement une larme.)

(Entre Marie-Jeanne en coup de vent.)

SCÈNE VIII.

LES MÊMES, MARIE-JEANNE.

MARIE-JEANNE. M'sieu Francis, je viens de rencontrer dans l'escalier m'sieu le docteur Moisant.

FICHET. Le docteur Moisant? (A Francis.) C'est chez vous qu'il vient? Votre maître a besoin du docteur Moisant? Ah! ses rhumatismes!

FRANCIS. Oui, ses rhumatismes! (Il indique son front.)

MARIE-JEANNE. Et puis, il n'est pas seul, m'sieu l'docteur. Y a avec lui un vieux monsieur et une dame.

FRANCIS. Une dame?

MARIE-JEANNE Oui, une dame très bien dont j'ai pas pu voir la figure parce qu'elle avait un voile très épais...

(Entrent le docteur Moisant : bonne tête de médecin de campagne, gros favoris poivre et sel à la Louis-Philippe, culotte courte, gros bas, pèlerine ; lord Sefton : soixante ans, vieux beau de 1830, costume redingote marron clair, bottes à revers, castor à longs poils ; lady Jersey : cinquante ans, bien conservée, cheveux blonds, grand air, manteau de voyage. Francis réprime un mouvement de surprise en les voyant.)

SCÈNE IX.

LES MÊMES, MOISANT, LORD SEFTON, LADY JERSEY.

MOISANT, s'effaçant. Entrez, madame.

LADY JERSEY. Sefton, maintenant voilà que je tremble!...

LORD SEFTON. Allons, milady!

FICHET, à part. Milady!... Des Anglais! Ils viennent pour la réception. (Il s'incline.) Madame, monsieur... Bonjour, docteur; Francis vient de me dire qu'il vous avait fait demander pour les rhumatismes de son maître.

MOISANT, surpris, regardant Francis. Pour ses rhum...

FRANCIS, très vite, regardant significativement Moisant. Oui, oui, pour ses rhumatismes. (Indiquant de l'œil Fichet et Marie-Jeanne.) Je vais vous expliquer ça.

MOISANT. Bien, bien, nous allons voir. (A Fichet.) Laissez-nous seuls, monsieur Fichet, je vous prie.

FICHET. Oui, docteur. (A part.) Qu'est-ce que c'est que cette histoire-là? Enfin, pourvu que je sois payé! (A Marie-Jeanne.) Vous venez, lambine?

(Ils sortent.)

SCENE X.

LES MÊMES, MOINS FICHET ET MARIE-JEANNE.

MOISANT. A présent, dites-moi ce qu'il arrive, mon pauvre Francis? (A lady Jersey.) Francis, le vieux valet de chambre de M. Brummell, milady!

LADY JERSEY. Bonjour, mon ami.

FRANCIS, s'inclinant, la voix un peu émue. Je vous salue, madame la comtesse.

LADY JERSEY, *surprise.* Vous me connaissez?

FRANCIS, *simplement.* Il y a trente-cinq ans que je suis au service de M. Brummell.

LORD SEFTON, *s'avançant.* Tiens, mais c'est vrai, c'est Francis! Où donc avais-je les yeux pour ne pas vous avoir reconnu tout de suite?

FRANCIS. Je reconnais aussi milord Sefton. Mais il est compréhensible que milord ne m'ait pas reconnu tout de suite. Il m'a vu à Londres dans un autre milieu que ça! (*Il parcourt des yeux la pauvreté du salon.*)

LADY JERSEY, *avec une émotion contenue.* Dites-moi, Francis, est-ce que M. Brummell se souvient encore de moi? Est-ce qu'il parle encore de moi?

FRANCIS. Il parle encore de vous, madame. Il en parle même souvent. (*D'un ton changé.*) Il devait même vous voir, ce soir...

(*Lady Jersey, Moisant et lord Sefton se regardent avec stupéfaction.*)

LADY JERSEY. Me voir, ce soir! Mais je ne lui ai pas fait savoir mon arrivée à Caen!

MOISANT. Qu'est-ce que vous nous chantez, mon ami? Madame est arrivée aujourd'hui à Caen, par la diligence, il y a à peine une heure, avec lord Sefton!

LORD SEFTON. Et notre première et notre seule visite a été pour vous, docteur... Avant de revoir M. Brummell, nous avons voulu nous informer de son état près de celui qui lui donne ses soins.

MOISANT. Oui, Francis, que voulez-vous dire? Allons, expliquez-vous! Je sortais précisément de chez moi pour accompagner ici lady Jersey et lord Sefton, quand j'ai rencontré Nicolas qui m'a fait connaître votre désir de me voir.

FRANCIS. Je vais m'expliquer, monsieur le docteur. (*Lui tendant la liste.*) Mais, je vous prie, parcourez d'abord ceci!

MOISANT. Donnez. (*Il lit.*) Alvanlay, Pierrepoint, Mildmay, le duc d'York, le duc de Bedford, le prince de Galles, lady Jersey... (*Stupéfait, regardant alternativement Francis et lady Jersey.*) Lady Jersey!

LADY JERSEY, *prenant la liste des mains du docteur.* Mon Dieu, qu'est-ce que cela signifie? Cette liste de vivants et de morts — de morts, surtout!

MOISANT. Francis, dites-nous vite ce que signifie ce papier, cette liste de l'écriture de votre maître! (*S'asseyant devant la table.*) Répondez-moi. Depuis quelque temps, j'ai noté maintes fois des choses anormales dans sa conduite. Est-ce que son cerveau se serait dérangé tout à fait?

FRANCIS. Je le crains, monsieur le docteur. Pour cette liste, voici.

M. Brummell m'a appelé tout à l'heure après le dîner et m'a dit de cet air qui n'appartient qu'à lui, et que je n'avais pas remarqué depuis bien longtemps : « Francis, vous préparerez le salon, ce soir. Vous allumerez le lustre et les candélabres (Levant les bras.) Le lustre ! — et vous mettrez des fleurs partout ! » Je m'étonnai un peu. « Vous ferez ce que je vous dis, Francis, continua-t-il ; je reçois des amis ce soir, mon bon Francis, de vrais amis, des amis d'enfance, des amis de jeunesse ! » Puis il s'est enseveli dans le fauteuil de la duchesse. (Indiquant un fauteuil.) Oui, ce pauvre vieux fauteuil qu'il se figure, depuis quelque temps, lui avoir été donné par la duchesse d'York ; et il s'est mis à ruminer tout bas et à penser tout haut. Enfin, il a dressé la liste imaginaire que vous tenez, monsieur le docteur, et il m'a ordonné d'avoir à commencer à neuf heures l'appel des noms qu'elle contient. Je lui ai promis d'exécuter son désir ; mais quand il m'a quitté, monsieur le docteur, je vous ai fait aussitôt prévenir. Dois-je faire ce qu'il m'a commandé ?

MOISANT, à part, réfléchissant. Il serait peut-être dangereux de s'opposer, en ce moment, à cette fantaisie, qui m'inquiète un peu tout de même ! (A Francis.) Oui, mon ami, faites ce que vous a dit M. Brummell. (Avec un geste vague.) Nous verrons bien.

LADY JERSEY, émue. Ah ! dites-moi, docteur, que ce n'est pas grave, que ce n'est qu'un caprice... sans importance !

MOISANT. Mais, milady, que voulez-vous que je vous réponde ? Je n'en sais rien moi-même. (A Francis.) Que fait-il maintenant ? (Se levant.) Si j'allais le voir...

FRANCIS, le retenant. Il va venir ici, docteur, d'un moment à l'autre. (Avec émotion.) A présent, il est tout à sa toilette ; il se vêt comme au temps, au bon temps de jadis. Il passe, sans doute, son bel habit bleu à boutons d'or, que j'ai récemment retrouvé, un peu fripé, dans le désordre de sa garde-robe ; l'habit qu'il avait commandé quelques jours avant de quitter l'Angleterre pour aller au bal de lady Dungannon, et qui fut l'événement de cette soirée ! Mais, j'y songe, il faut que j'aille l'aider à le mettre, ce bel habit ! Il faut que mon pauvre maître trouve mon aide même dans sa folie, surtout dans sa folie. (Il sort.)

SCENE XI.

LES MÊMES, MOINS FRANCIS.

MOISANT, *à lord Sefton.* Quel brave cœur que ce Francis! Sans lui, il y a beau temps que votre ami Brummell serait fini! Il en a partagé les misères comme il en partagea la fortune.

LORD SEFTON, *rêveur.* Il y a des gens qui ont le dandysme du dévouement...

MOISANT, *à part.* Qui vaut bien l'autre! *(A lady Jersey, qui s'est abattue dans un fauteuil, songeant, les yeux fixés à terre.)* Votre place n'est pas ici, madame. Éloignez-vous, je vous en prie.

LADY JERSEY. Non, non...

LORD SEFTON. Écoutez le docteur, milady. Évitez la scène, peut-être pénible, qui peut avoir lieu ici... Je vous en supplie, éloignez-vous.

LADY JERSEY, *la voix altérée.* Non, non, je veux le revoir. N'insistez pas, docteur. *(Sur un geste de Sefton.)* Merci, Sefton, merci. *(Pendant que les deux hommes s'éloignent, se consultant.)* Oh! quel démon m'a poussée ici, à cette heure néfaste! Mon nom sur cette liste fantastique! Il m'a convoquée à cette réception inouïe; j'y viens! Il ne m'a pas oubliée dans sa folie! Eh bien! dans sa folie, je veux le voir. Je veux voir ce qu'il reste de ce prince radieux de l'élégance, de ce roi de la grâce! *(A Moisant.)* Ne pensez-vous pas, docteur, que ma présence ici lui fasse du bien, puisse apaiser son pauvre cerveau malade? *(Moisant hausse les épaules en signe de doute. Lady Jersey se tournant vers Sefton.)* Et vous, Sefton, qu'en pensez-vous?

MOISANT, *se dirigeant vers la table et s'y installant, à part.* A tout hasard, je vais rédiger une lettre pour les sœurs de l'hôpital du Bon-Sauveur et la faire porter immédiatement. On ne sait pas ce qui peut arriver! Comme ça, je serai plus tranquille. *(Il se met à écrire.)*

LORD SEFTON. Ce que j'en pense, lady Jersey, ce que j'en pense! Ah! moi non plus, je ne sais quoi penser! *(La voix émue.)* Revoir George Brummell, vieux, infirme, fou! Ceci me comble de tristesse! George Brummell! Dieu sait ce que ce nom rappelle en moi de souvenirs! J'ai été son camarade à Eton; ce fut moi qui, à Windsor, le présentai au régent prince de Galles, depuis George IV, dont Dieu ait l'âme! Nous traversâmes pendant quinze ans les mêmes fêtes; nous connûmes les mêmes plaisirs, les mêmes joies! Brummell, vous le savez, milady, ne fut pas seulement l'homme le plus élégant de son temps, il en fut encore l'un des plus spirituels ! Vous vous souvenez de cet esprit, milady ?

(Moisant relit la lettre qu'il vient d'écrire et sort.)

SCÈNE XII.

LADY JERSEY, LORD SEFTON.

LADY JERSEY. Hélas, Sefton, je souffre à l'avance... (Sur un mouvement de Sefton.) mais je veux souffrir ! Je souffre à la pensée de ce que j'ai vu — et de ce que je vais peut-être voir !...

LORD SEFTON. Ah ! tenez, milady, je m'en veux de vous avoir proposé, l'autre jour à Paris, d'accomplir ce déchirant pèlerinage ! (A mi-voix, regardant lady Jersey.) Il n'est pas bon de revoir les ruines des êtres ou des choses que nous connûmes, *que nous aimâmes*, dans leur jeunesse et leur beauté...

LADY JERSEY, tressaillant. Sefton !

LORD SEFTON, lui prenant la main. Nous sommes, déjà, de bien vieux amis, Diana ! Il y a longtemps que j'ai tout deviné... (Lui baisant les doigts.) Il y a longtemps que je suis discret... Ne craignez rien, je continuerai.

LADY JERSEY, souriant tristement. Je savais... que vous saviez ces choses du passé, Sefton, et c'est pourquoi, la semaine dernière, j'ai accepté votre pieuse proposition.

(Rentre le docteur.)

SCÈNE XIII.

LES MÊMES, MOISANT.

MOISANT, comme à lui même. La voiture de l'hôpital sera ici dans une demi-heure. Espérons que nous n'aurons pas à nous en servir. (Il s'assied à la table, tournant le dos à lady Jersey et à Sefton ; il semble rêveur et parcourt machinalement un livre.)

LADY JERSEY, à Sefton. J'ai toujours eu confiance, et j'aurai toujours confiance en vous. (Un silence.) Dites-moi, Sefton, ne croyez-vous pas qu'il y ait un peu mieux que du hasard dans ce fait de nous retrouver, vous, l'amitié d'autrefois, moi... (Baissant la voix.) moi, l'amour de naguère, à ce tournant de la vie, à ce moment précis, devant l'ombre douloureuse de celui qui fut... le beau Brummell ? (Il acquiesce de la tête et va pour répondre ; la porte du milieu s'ouvre à deux battants. Entre Francis ; il met un doigt sur ses lèvres et leur fait signe de se dissimuler dans les coins de l'appartement.)

SCENE XIV.

LES MÊMES, FRANCIS.

LORD SEFTON, *attirant lady Jersey et la forçant à s'asseoir sur le divan.* Mettez-vous à côté de moi, milady, et, pour l'amour de Dieu, ne laissez pas paraître votre émotion!

MOISANT, *passant de l'autre côté de la table, s'asseyant, le dos au mur; à lady Jersey.* Surtout, pas un mot! Ne lui répondez que s'il vous parle!

(Entre Brummell. Sous l'empire d'une exaltation momentanée, avec sa perruque châtain clair et les fards, il apparaît superbe, étonnamment rajeuni. Sa taille s'est redressée. Il porte l'habit whig bleu à boutons d'or unis, des manchettes de dentelles, un gilet de piqué blanc à double rangée de boutons d'or, un pantalon-maillot noir boutonné aux chevilles par quatre boutons, de fins escarpins vernis laissant voir la soie noire des bas. Une cravate blanche, légèrement empesée, au nœud extraordinaire, très haute, lui enserre le cou, dissimulant sa maigreur et les rides de l'âge; on aperçoit un peu du col de la chemise. A cette vue, lord Sefton et lady Jersey répriment un cri de surprise.)

SCÈNE XV.

BRUMMELL, LORD SEFTON, LE DOCTEUR MOISANT, FRANCIS, LADY JERSEY.

BRUMMELL, *avec une voix tout autre qu'à la scène première.* Personne encore, Francis?

FRANCIS, *debout à la porte centrale, dont les deux battants sont ouverts.* Personne, monsieur. Monsieur m'a dit que lord Alvanlay ne devait arriver qu'à neuf heures.

BRUMMELL. C'est juste. *(Il se promène de long en large, chiffonnant ses manchettes, l'air préoccupé.)*

LADY JERSEY, *regardant passionnément Brummell, à voix basse à Sefton.* Non, Sefton, ce n'est pas ce que nous disait Francis! Ce ne peut pas être! Regardez-le, Sefton! Regardez ses yeux. Il semble n'avoir jamais été aussi maître de lui-même... *(A part.)* jamais aussi beau!

LORD SEFTON. Attendez, madame, il va peut-être nous reconnaître!

MOISANT, *regardant Brummell curieusement, un peu étonné lui-même, à part.* Le fait est qu'avec son maquillage et sa perruque, il est encore extraordinaire! Un miracle de suggestion! Curieux! Curieux!

BRUMMELL, *éclatant de rire.* Vraiment, c'est trop drôle! J'aperçois ici les mines du régent et de Mme Fitz-Herbert quand ils vont voir miss Robinson et lady Conningham! Oh! celle de Mme Fitz-Herbert surtout! Il faut espérer que le duc d'York aura l'esprit d'arriver avant son auguste frère! Il serait regrettable qu'il perdît cette scène unique! On ne va parler que de cela demain dans les clubs! Ah! le prince de Galles me bat froid! Ah! ce « gros homme » prétend que je ne suis bon qu'à faire la réputation d'un tailleur ! Eh bien, nous allons voir !... Ingrat ! Moi qui l'ai imposé dans la mode ! Moi qui ai poussé le... loyalisme jusqu'à surveiller la coupe des vêtements que lui livrait Davidson, mon tailleur, que je lui ai donné ! Il affecte de me mépriser ! (Il va à la cheminée, se regarde dans la glace, arrange une boucle de sa perruque, tapote légèrement le nœud de sa cravate.) Je le disais tantôt au colonel Mac-Mahon : « Je l'ai fait ce qu'il est ; je puis bien le défaire ! » Qu'il prenne garde, George d'Angleterre ! Le dandy royal disparaîtra dans le commun par la volonté de George Brummell, roi des dandies ! (Riant.) Ce sera la guerre des Deux-Georges après celle des Deux-Roses ! Car je suis roi, moi aussi, roi d'un royaume dont il est lui-même le sujet : le royaume de la Futilité, et j'y règne souverainement de par la grâce de la Grâce ! (Neuf heures commencent à sonner au beffroi d'une église. Brummell s'approche de lady Jersey, la regarde attentivement comme il regarderait un mur. Lady Jersey, à sa venue, s'est dressée progressivement, et, croisant les mains, les lève vers sa face angoissée à mesure qu'il approche. Brummell lui tourne le dos.)

LADY JERSEY, retombant sur le divan. Ah ! Sefton ! C'est horrible ! Vous avez vu comme il me regardait ! (S'élançant.) Je veux lui parler !

LORD SEFTON, la retenant, ému et nerveux. Attendez encore un peu, madame, je vous en supplie !

(Francis hésite à commencer l'appel des noms ; il consulte du regard le docteur : Moisant lui fait signe d'annoncer.)

FRANCIS, annonçant d'une voix entrecoupée. Lord Alvanlay !

BRUMMELL, se précipitant vers la porte et serrant des mains imaginaires. Bonjour, Alvanlay ! A la bonne heure, vous êtes le premier arrivé, vous ! (Comme répondant à une question.) Non, il n'y a encore personne. Mais mes invités vont arriver d'une minute à l'autre. C'est gentil, vous allez m'aider à leur faire les honneurs de mon *home ;* nous autres célibataires, vous savez, il nous faut un peu compter sur les amis. (Il sort de sa poche une tabatière ; la tenant et l'ouvrant, selon son habitude, d'une seule main, la gauche, il la tend à l'ombre.) Un scrupule de macouba, Alvanlay ? (Reprenant.) A propos de célibataires, vous savez qu'on a récemment voulu me marier ? (Silence.) Ma parole, c'est comme je vous le dis ! Et savez-vous avec qui ? Avec miss Annah Reynolds, la fille de l'alderman richissime. Je me laissai faire, miss Annah étant jolie et bien dotée. J'allais donc sauter le pas, quand — horreur ! — j'appris que miss Annah aimait les choux, et — circonstance aggravante ! — les choux rouges ! On n'a pas idée de Mme Brummell aimant les choux ! J'étais perdu de réputation, mon cher, déshonoré ! Hein ! vous comprenez si j'ai rompu ! (Secouant la tête.) Ah ! je l'ai échappé belle ! (Silence.) Oui, pas mal, mon nouveau salon... Il est de votre goût? Je vous donnerai l'adresse au juste, boulevard de Gand, à Paris. (Silence.) Ah! Pierrepoint vous suit... Bien! Attendons-le en nous chauffant. (Il s'accote à la cheminée.) Je vous disais donc...

FRANCIS. Sir Henry Pierrepoint!

BRUMMELL, les mains tendues. Bonjour, mon bon. Un peu froid, hein? Du brouillard surtout. (Silence.) Ah! lord Sefton vous a dit que Mildmay ne pouvait pas venir!

LORD SEFTON, sursautant. Il vient de prononcer mon nom!

FRANCIS. Son Altesse Royale Monseigneur le duc d'York!

BRUMMELL, à l'ombre de Pierrepoint. Je vous demande pardon. (Courant à la porte et s'inclinant.) Avec quelle impatience je vous attendais, Monseigneur! (Sa main ouverte à sa bouche comme parlant à l'oreille de quelqu'un.) J'ai une chose tout à fait drôle à conter à Votre Altesse! Venez par ici. (Il semble amener quelqu'un par le bras sur le devant de la scène.)

LORD SEFTON. Mon pauvre Brummell!

(Lady Jersey, accablée, le regarde, la tête dans ses mains.)

MOISANT, à part, admirant. C'est épouvantable et prodigieux!...

BRUMMELL, à mi-voix à l'ombre. Savez-vous, Monseigneur, qui j'ai imaginé de faire se rencontrer ici, ce soir, à cette réception? (Silence.) Non, je vous le donne en mille! Cherchez, cherchez un peu, que diable! (Silence.) Allons, je vais vous le dire; je vois que vous ne trouveriez point. Votre auguste frère et son brelan de maîtresses: miss Robinson, l'antique; Mme Fitz-Herbert, l'actuelle, et lady Conningham, la... future! (Silence.) Hein! que pense Votre Altesse du tour? (Il semble joindre son hilarité à celle de l'ombre. Puis, toujours riant, il va pour s'éloigner. Comme s'il était retenu par la manche, se retournant.) Vous avez quelque chose à me dire, Monseigneur? (Il semble écouter.) Si grave que ça? (S'approchant de la scène.) Eh bien! dites. (Silence.) Ah! l'épigramme de Scrope! Ah! oui... (Remontant à reculons.) A de telles choses, Monseigneur, on n'oppose que le mépris, le mépris, le mépris...

FRANCIS. Lady Conningham!

BRUMMELL, à voix basse à l'ombre. Voici déjà... la future, Monseigneur; (S'avançant vers la porte.) Comme vous êtes belle ce soir, milady! Vous avez vraiment une toilette troublante! Et qui, mon Dieu, voulez-vous donc faire délirer? (Il prend une fleur dans un porte-bouquets près de l'entrée et l'offre à l'ombre; la fleur tombe à terre; il la regarde tomber avec stupeur. Se ressaisissant.) Vous cherchez quelqu'un? La duchesse de Devonshire, peut-être? Elle va venir. Ce n'est point la duchesse? (Silence.) Ah! milady, (Narquois, à mi-voix.) j'oubliais de vous dire que le duc d'York vient, en arrivant, de m'apporter l'assurance de la visite de son royal frère ! (Silence. Brummell paraît guetter en des yeux inexistants l'effet de cette nouvelle.) Cela semble vous faire plaisir? (Il approche un fauteuil.) Installez, en attendant, votre impatience dans ce fauteuil. (Il s'incline, un sourire ironique aux lèvres.)

FRANCIS. Sa Grâce le duc de Richmond ! Sa Seigneurie le marquis d'Hertford !

BRUMMELL, à la porte, serrant des mains invisibles. Bonjour, duc! Bonjour, Hertford ! Pierrepoint vous attend pour le whist. (Silence.) Non, non, je ne joue pas... je suis trop occupé (Silence.) Ah ! curieux, vous voudriez savoir ce qui m'occupe ? Vous, Richmond, et vous aussi, Hertford ! Vous le saurez... tout à l'heure. (Il rit. Silence. Comme répondant à une question.) Pas maintenant, en tous les cas ! Jouez, en m'attendant, le whist à trois, avec un mort... (A ce moment, Brummell a une défaillance. Il répète machinalement, comme en un rêve.) Avec un mort! Avec un mort!

LORD SEFTON, secouant douloureusement la tête. Ils le sont...tous les quatre !

LADY JERSEY, levant sa face baignée de pleurs. Quoi, Sefton ?

LORD SEFTON. Morts !...

FRANCIS. Miss Mary Robinson !

BRUMMELL, se précipitant, empressé. Miss, je suis votre valet ! (Baisant des doigts chimériques.) Vous avez toujours la plus belle main d'Angleterre... après, toutefois (Il éclate de rire.) ce grand fat de Sheridan ! Vous savez qu'il a une telle admiration pour ses phalanges qu'il les a, dernièrement, fait mouler en or ! (Il lève les bras en riant.) En or ! Il faut être fou... fou... fou... à lier ! (Il se dirige, toujours riant, vers la table où est assis le docteur Moisant — et, sans paraître reconnaître le docteur — la main sur le dossier de sa chaise, il lui glisse dans l'oreille.) Eh bien ! Pierrepoint, vous gagnez? (Silence.) Non ! Ça ne m'étonne pas ! Malheureux au jeu... vous connaissez le proverbe français?... (Il s'éloigne en riant.)

FRANCIS. Lord Byron !

BRUMMELL, à la porte, d'un ton affectueux. Dieu, George, que je suis enchanté de votre visite! Il y a des éternités que je ne vous avais vu!... Permettez-moi de vous embrasser. (Il semble presser quelqu'un contre lui.) J'ai su que vous étiez parti pour la Grèce, ô poète, y soutenir la cause de la Beauté... la bonne cause ! (Présentant l'ombre aux fauteuils.) Mesdames, le Palikare lord Byron, paladin de Pallas Athéné ! (Silence.) Croyez-vous, George, que le bruit de votre mort sous les murs de Missolonghi m'était parvenu? (Riant.) Je vois avec plaisir qu'il n'en est rien ! On ne meurt pas comme ça, nous autres, n'est-ce pas, mylord ? (Il rit. Silence.) Ah ! que je vous remercie, à propos. (Indiquant un fauteuil.) Asseyez-vous donc, je vous prie... Sheridan m'a rapporté que vous avez dit qu'il n'y aurait que trois grands hommes dans le dix-neuvième siècle : moi, Napoléon et vous ! Vous êtes trop modeste, mylord ! Votre place n'est pas après ce grand faquin de petit Corse ! Elle est... après moi ! (Il pirouette sur les talons, en riant.)

FRANCIS. Son Altesse Royale le prince de Galles, régent d'Angleterre ! Lady Fitz-Herbert !

BRUMMELL, marchant vers le côté gauche de la scène, où il a laissé l'ombre du duc d'York. Monseigneur d'York, regardez bien le coup de l'entrée ! (Remontant vers la porte, et s'inclinant très bas, ironiquement.) Je remercie de tout mon cœur Votre Altesse Royale d'avoir bien voulu honorer de sa présence l'humble logis du plus dévoué de ses sujets ! (Se tournant vers une autre ombre.) Milady Conning... Oh ! pardon ! Madame Fitz-Herbert, veux-je dire, je dépose à vos pieds charmants le tribut de mon admiration ! Vous avez ce soir les plus beaux diamants du monde, madame ! On jurerait que ce sont ceux de la princesse de Galles... mais Vénus n'a besoin que d'elle-même pour nous éblouir... (Il s'incline à nouveau, puis, à part.) La pointe est savamment barbelée... et Mme Fitz-Herbert a pâli sous son rouge ! Quant à l'Altesse, la flèche semble ne point avoir traversé le cuir épais de son entendement ! (Allant vers l'endroit où il a laissé l'ombre du duc d'York.) Que pensez-vous du compliment, monseigneur d'York ? (Il rit.) Pour Dieu, monseigneur, regardez donc le triple feu d'artifice tiré par les yeux des rivales ! Regardez, monseigneur, regard... (Il est soudainement pris d'une faiblesse ; il profère des mots incohérents ; ses jambes flageolent ; il rencontre un fauteuil sur lequel il s'appuie ; il va pour tomber... Francis s'est précipité... Mais le docteur, d'un geste, lui donne l'ordre de continuer. Il reprend, à regret, sa place à l'entrée.)

FRANCIS, la voix tremblante. Lady Diana Villiers, comtesse de Jersey ! (A ce nom, Brummell tressaille, se redresse par un dernier effort, se précipite vers la porte.)

LADY JERSEY, se dressant d'un coup, toute frémissante. Ah ! mon Dieu ! moi, moi, à présent !

(Lord Sefton s'est levé aussi et la retient.)

BRUMMELL, s'inclinant profondément. Milady, vous êtes la bienvenue ici. (A voix basse.) Pourquoi arriver si tard, Diana ? (Silence. Il se dirige vers le coin gauche de la scène, semblant y conduire par la main une ombre.) Ah ! des raisons, des raisons, toujours ! Je languissais en vous attendant, moi... et les secondes me semblaient des heures ; les minutes, des jours ! (Il avance un fauteuil.)

LADY JERSEY, se passant la main sur les yeux, à voix étouffée. Je rêve, mon Dieu ! Oh ! quel affreux cauchemar ! C'est ainsi qu'il me parlait... jadis !

BRUMMELL, devant le fauteuil où il croit que s'est installée l'ombre de lady Jersey; à mi-voix, passionnément. Vous ne pouvez savoir combien je vous aime, Diana! (Lady Jersey tressaille.) Vous ne le pouvez savoir! Ah! combien me paraît vide cette existence de plaisirs et de luxe que je suis forcé de mener, à côté de votre présence adorée... à côté de votre amour! Je suis le forçat de l'Élégance, Diana! et le boulet que je traîne est plus lourd que celui du bagne, car il est d'or! Le monde n'a jamais pu voir en moi que le dandy hautain et dédaigneux, le dandy au cœur impassible! Le monde ignore qu'un seul regard de vos beaux yeux, Diana, fait fondre comme cire le triple airain de ce cœur! (Brummell met un genou en terre devant le fauteuil.) Oh! l'attitude imposée, l'habitude prise et devenue nécessaire! Quoi! pas une parole vraie, pas un geste sincère! Quel supplice!... Oh! être factice entièrement, esprit, cœur... et âme! Se mentir à soi-même... toujours! Tenez, c'est odieux, Diana, ce que je vais vous dire, mais, à vos genoux, en ce moment, je ne sais pas trop... non, je ne sais pas!... si je suis sincère ou si je mens... si ces larmes, ces larmes qui coulent, ne proviennent pas d'une source impure! (Il éclate en sanglots et se cache la figure dans ses mains.)

LADY JERSEY, échappant à l'étreinte de lord Sefton, s'avançant. Non, non, je souffre trop. Il faut que je lui parle! Il n'est point possible qu'il ne me reconnaisse!

(Sefton et Moisant accourent derrière elle. Francis a fermé les deux battants de la porte et se tient derrière eux.)

BRUMMELL, paraissant vouloir saisir les mains de l'ombre assise. Vos mains sur mes lèvres, Diana! Vos mains sur mon front!... Leur fraîcheur douce descendra de mon cerveau dans mon cœur. Oh! la rosée calmante de vos mains sur mon front! Diana, par grâce!...

(Lady Jersey s'est assise dans le fauteuil, doucement... Brummell lui a pris les mains et les a posées sur son front. A leur contact, il a soudainement tressailli de tout son être... et il relève, lentement, lentement, la tête. Les yeux agrandis, fixes, il considère lady Jersey comme s'il la voyait pour la première fois.)

LADY JERSEY, épouvantée et suppliante. Je suis là, George. C'est moi, moi, Diana... et non une ombre vaine que vous avez devant vous! Réveillez-vous, George, pour l'amour du ciel! Chassez ce fantôme affreux! (Brummell se dresse lentement. Il tient les mains de lady Jersey, qui se lève aussi; il a toujours les yeux ardemment fixés sur ceux de Diana.) Reconnaissez-moi, George! C'est moi, Diana!... Diana! Ce sont mes mains, mes mains réelles que vous tenez... et non des mains de rêve! C'est moi, Diana! (A part.) Il me regarde comme s'il ne m'avait jamais vue!... L'âge m'aurait-il à ce point changée? (Brummell a pris lady Jersey par les bras, et il plonge toujours dans ses yeux un regard brûlant et chercheur.) Oh! George!

Ne me regardez pas comme cela ! Vous me faites peur ! Mon Dieu ! comme vous me faites souffrir !... George !

(Le docteur a avancé un fauteuil dans lequel elle est tombée. Brummell se met soudain à trembler de tout son corps : il claque des dents. Tout à coup, un long, un interminable soupir s'échappe de sa poitrine.)

BRUMMELL, d'une voix rauque. Je ne sais... je ne sais plus où je suis.

LORD SEFTON, lui prenant le bras. Brummell, mon ami, reconnais-nous ! Reconnais ton vieux Sefton ! Reconnais lady Jersey ! C'est Diana que tu as devant toi... Diana !

MOISANT, s'avançant. Voyons, monsieur Brummell, vos amis !

BRUMMELL, hébété, d'une voix basse d'au delà. Sefton ! Diana !... Diana ! Où suis-je ? (Appelant.) Francis ! Francis ! A moi ! (Francis se précipite. Brummell le regardant.) Pourquoi as-tu l'air si vieux, Francis ? Pourquoi as-tu l'air si vieux, aujourd'hui ? (Se prenant la tête.) Oh ! comme ma pauvre tête est brûlante !... Diana ! Vos mains, vos mains !

LADY JERSEY, lui posant les mains sur le front. Voici mes mains, George ! (Avec joie.) Il va nous reconnaître !

(Brummell, à ce nouveau contact, éclate d'un rire inextinguible, cassé, faux, d'aliéné. On entend un roulement de voiture, des grelots, des piaffements. Il écoute, attentif, soudain.)

BRUMMELL, criant. Francis, le carrosse de Son Altesse Royale le Régent ! (Il écarte brutalement Francis et Sefton qui veulent le retenir et se précipite vers l'entrée.) Non, monseigneur, non, je ne veux laisser à personne l'honneur de vous reconduire. (Il s'incline.) Je veux vous accompagner jusqu'à votre carrosse... Francis, les flambeaux ! (Il sort. Lady Jersey s'est précipitée, voulant le suivre ; Sefton la retient.)

SCÈNE XVI.

LES MÊMES, MOINS BRUMMELL.

MOISANT, à Sefton. Je vous laisse... et je vais le mettre dans le carrosse... (Hochant la tête.) de l'hôpital du Bon-Sauveur !... (Il lève les bras d'un air navré.) Venez m'aider, mon pauvre Francis !

(Ils sortent.)

SCÈNE XVII.

LORD SEFTON, LADY JERSEY.

(Sefton maintient lady Jersey sur le divan. Elle a le corps penché en avant, tout agité de tremblements convulsifs, la face révulsée... On entend un roulement de voiture s'éloignant.)

LADY JERSEY, éclatant en sanglots. George ! George !

(Rideau.)

PARIS — TYPOGRAPHIE A. HENNUYER, RUE DARCET, 7.

76e Année. — N° 12 Décembre 1900

REVUE BRITANNIQUE

REVUE INTERNATIONALE

SOUS LA DIRECTION DE M. PIERRE-AMÉDÉE PICHOT

SOMMAIRE

POUR LA NOËL, CONTES ET RÉCITS :

PARIS : BUREAUX DE LA REVUE BRITANNIQUE, 71, RUE DE LA VICTOIRE.

BRUXELLES : LEBÈGUE ET Cie. — **ROTTERDAM** : KRAMERS ET FILS.

www.ingramcontent.com/pod-product-compliance
Lightning Source LLC
LaVergne TN
LVHW052031160826
845678LV00003B/1281

* 9 7 8 2 3 2 9 6 2 6 1 5 4 *